LETTRES-PATENTES
DU ROI,

Sur un Décret de l'Assemblée Nationale,
pour la constitution des Municipalités.

Données à Paris au mois de Décembre 1789.

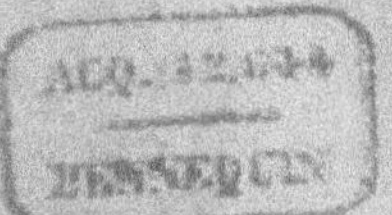

LOUIS, par la grace de Dieu & par la Loi conſtitutionnelle de l'Etat, ROI DES FRANÇAIS : A tous préſents & à venir ; SALUT. L'Aſſemblée Nationale a décrété le 14 de ce mois, & nous voulons & ordonnons ce qui ſuit :

ARTICLE PREMIER.

Les Municipalités actuellement ſubſiſtantes en chaque Ville, Bourg, Paroiſſe ou Communauté, ſous le titre d'Hôtel-de-Ville, Mairies, Echevinats, Conſulats, & généralement ſous quelque titre & qualification que ce ſoit, ſont ſupprimées & abolies ; & cependant les Officiers Municpaux actuellement en exercice, continueront leurs fonctions jusqu'à ce qu'ils ayent été remplacés.

II. Les Officiers & Membres des Municipalités actuelles seront remplacés par la voie d'élection.

III. Les droits de présentation, nomination ou confirmation, & les droits de présidence ou de présence aux Assemblées Municipales, prétendus ou exercés comme attachés à la possession de certaines terres, aux fonctions de Commandant de Province ou de Ville, aux Evêchés ou Archevêchés, & généralement à tel autre titre que ce puisse être, sont abolis.

IV. Le Chef de tout Corps Municipal portera le nom de Maire.

V. Tous les Citoyens actifs de chaque Ville, Bourg, Paroisse ou Communauté, pourront concourir à l'élection des Membres du Corps Municipal.

VI. Les Citoyens actifs se réuniront en une seule Assemblée dans les Communautés où il y a moins de 4,000 Habitants ; en deux Assemblées dans les Communautés de 4,000 à 8,000 Habitants ; en trois Assemblées dans les Communautés de 8,000 à 12,000 Habitants & ainsi de suite.

VII. Les Assemblées ne pourront se former

par métiers , professions ou corporations ,
mais par quartiers ou arrondissements.

VIII. Les Assemblées des Citoyens actifs seront convoquées par le Corps Muni-
pal huit jours avant celui où elles devront
avoir lieu. La Séance sera ouverte en présence d'un Citoyens chargé par le Corps
Municipal d'expliquer l'objet de la convocation.

IX. Toutes les Assemblées particuliers
dans la même Ville ou Communauté, seront
indiquées pour le même jour, & à la même
heure.

X. Chaque Assemblée procédera, dès
qu'elle sera formée, à la nomination d'un
Président & d'un Secrétaire : il ne faudra
pour cette nomination que la simple pluralité relative des suffrages en un seul scrutin,
recueilli & dépouillé par les trois plus anciens d'âge.

XI. Chaque Assemblée nommera ensuite
à la pluralité relative des suffrages, trois
scrutateurs, qui seront chargés d'ouvrir les
scrutins subséquents, de les dépouiller, de
compter les voix, & de proclamer les résul-
tats. Ces trois scrutateurs seront nommés
par un seul scrutin recueilli & dépouillé,
comme le précédent, par les trois plus anciens d'âge.

XII. Les conditions de l'éligibilité pour les Administrations Municipales , seront les mêmes que pour les administrations de Département & de District ; néanmoins les parents & alliés aux degrés de pere & de fils, de beau-pere & de gendre , de frere & de beau-frere , d'oncle & de neveu , ne pourront être en même-temps Membres du même corps Municipal.

XIII. Les Officiers Municipaux , & les Notables dont il sera parlé ci-après , ne pourront être nommés que parmi les Citoyens éligibles de la Commune.

XIV. Les Citoyens qui occupent des places de Judicature ne peuvent être en même-temps Membres des Corps Municipaux.

XV. Ceux qui sont chargés de la perception des impôts indirects , tant que ces impôts subsisteront , ne peuvent être admis en même-temps aux fonctions municipales.

XVI. Les Maires seront toujours élus à la pluralité absolue des voix. Si le premier scrutin ne donne pas cette pluralité , il sera procédé à un second ; si celui-ci ne la donne point encore , il sera procédé à un trosieme , dans lequel le choix ne pourra plus se faire qu'entre les deux Citoyens qui auront réuni le plus de voix aux scrutins précédents ; enfin , s'il y avoit égalité de suffrages entr'eux à ce troisieme scrutin , le plus âgé seroit préféré.

XVII. La nomination des autres Membres du Corps Municipal sera faite en scrutin de liste double.

XVIII. Dans les Ville ou Communautés où il y aura plusieurs Assemblées particulieres des Citoyens actifs, ces Assemblées ne séront regardées que comme des sections de l'Assemblée générale de la Ville ou Communauté.

XIX. En conséquence, chaque section de l'Assemblée générale des Citoyens actifs fera parvenir à la Maison Commune ou Maison de Ville, le recensement de son scrutin particulier, contenant la mention du nombre des suffrages que chaque Citoyen nommé aura réunis en sa faveur; & le résultat général de tous ces recensements sera formé dans la Maison Commune.

XX. Chaque section particuliere de l'Assemblée générale des Citoyens actifs pourra envoyer à la Maison Commune un Commissaire pour assister au recensement du scrutin.

XXI. Ceux qui dès le premier scrutin réuniront la pluralité absolue, c'est-à-dire, la moitié des suffrages & un en sus, seront définitivement élus.

Si au premier tour de scrutin il n'y a pas un nombre suffisant de Citoyens élus à la pluralité absolue des voix, on procédera à un second scrutin, & ceux qui obtiendront cette seconde fois la pluralité abfolue, feront de même élus définitivement.

Enfin, fi le nombre néceffaire n'eft pas rempli par les deux premiers fcrutins, il en fera fait un troifieme & dernier; & à celui-ci, il fuffira, pour être élu, d'obtenir la pluralité relative des fuffrages.

XXII. Les Citoyens qui, par l'événement du fcrutin, auront été nommés Membres du Corps Municipal, feront proclamés par les Officiers Municipaux en exercice.

XXIII. Dans les Villes où l'Affemblée générale des Citoyens actifs fera divifée en plufieurs fections, les fcrutins de ces diverfes fections feront recenfés à la Maifon commune, le plus promptement qu'il fera poffible; enforte que les fcrutins ultérieurs, s'ils fe trouvent néceffaires, puiffent fe faire dès le jour même, &, au plus trad, le lendemain.

XXIV. Après les élections, les Citoyens actifs de la Communauté ne pourront ni refter affemblés, ni s'affembler de nouveau en corps de commune, fans une convocation expreffe, ordonnée par le Confeil général de la Commune, dont il va être parlé ci-après; ce Confeil ne pourra la refufer, fi elle eft requife par le fixieme des Citoyens actifs, dans les Communautés au-deffous de 4,000 ames, & par 150 Citoyens actifs dans toutes les autres Communautés.

XXV. Les Membres des Corps Municipaux des Villes, Bourgs, Paroisses ou Communautés, seront au nombre de trois, y compris le Maire, lorsque la population sera au-dessous de 500 ames;

De six, y compris le Maire, depuis 500 ames jusqu'à 3,000;

De neuf, depuis 3,000 jusqu'à 10,000;
De douze, depuis 10,000 jusqu'à 25,000;
De quinze, depuis 25,000 jusqu'à 50,000;
De dix-huit, depuis 50,000 jusqu'à 100,0c0
De vingt-un, au-dessus de 100,000 ames.

Quant à la Ville de Paris, attendu son immense population, elle sera gouvernée par un réglement particulier qui sera donné par l'Assemblée Nationale, sur les mêmes bases & d'après les mêmes principes que le Réglement général de toutes les Municipalités du Royaume.

XXVI. Il y aura dans chaque Municipalité, un Procureur de la Commune, sans voix délibérative. Il sera chargé de défendre les intérêts, & de poursuivre les affaires de la Communauté.

XXVII. Dans les Villes au-dessus de 10,000 ames, il y aura en outre un Substitut du Procureur de la Commune, lequel, à défaut de celui-ci, exercera ses fonctions.

XXVIII. Le Procureur de la Commune

fera nommé par les Citoyens actifs, au scrutin & à la pluralité absolue des suffrages, dans la forme & selon les regles prescrites par l'article XV ci-dessus pour l'élection du Maire.

XXIX. Le Substitut du Procureur de la Commune, lorsqu'il y aura lieu d'en nommer un, sera élu de la même maniere.

XXX. Les Citoyens actifs de chaque Communauté, nommeront, par un seul scrutin de liste & à la pluralité des suffrages, un nombre de Notables double de celui des Membre du Corps Municipal.

XXXI. Ces Notables formeront, avec les Membres du Corps Municipal, le Conseil général de la Commune, & ne seront appellés que pour les affaires importantes, ainsi qu'il sera dit ci-après.

XXXII. Il y aura, en chaque Municipalité, un Secrétaire-Greffier, nommé par le Conseil gééral de la Commune. Il prétera serment de remplir fidélement ses fonctions, & pourra être changé, lorsque le Conseil général, convoqué à cet effet, l'aura jugé convenable, à la majorité des voix.

XXXIII. Le Conseil général de la Commune pourra aussi, suivant les circonstances, nommer un trésorier, en prenant les précautions néceſſaires pour la ſûreté des fonds de la Communauté. Ce Tréſorier pourra être changé comme le Secrétaire - Greffier.

XXXIV. Chaque Corps Municipal, compoſé de plus de trois Membres, ſera diviſé en Conſeil & en Bureau.

XXXV. Le bureau ſera compoſé du tiers des officiers municipaux, y compris le maire, qui en ſera toujours partie ; les deux autres tiers formeront le Conſeil.

XXXVI. Les Membres du bureau ſeront choiſis par le Corps Municipal, tous les ans, & pourront être réélus pour une ſeconde année.

XXXVII. Le bureau ſera chargé de tous les ſoins de l'exécution, & borné à la ſimple régie. Dans les municipalités réduites à trois Membres, l'exécution ſera confiée au maire ſeul.

XXXVIII. Le conſeil Municipal s'aſſemblera au moins une fois par mois ; il commencera par arrêter les comptes du Bureau, lorſqu'il y aura lieu ; & après cette opération faite, les Membres du Bureru auront ſéance & voix délibérative avec ceux du conſeil.

XXXIX. Toutes les délibérations neceſſaires à l'exercice des fonctions du corps municipal, ſeront priſes dans l'Aſſemblée des Membres du conſeil & du Bureau réunis, à l'exeption des Délibérations relatives à l'arrêté des comptes, qui, comme il vient d'être dit, feront prifes par le confeil feul.

XXXX. La préfence de deux tiers au moins des membres du confeil, fera néceffaire pour recevoir les comptes du bureau ; & celle de la motié, plus un des membres du corps municipal, pour prendre les autres délibérations.

XXXXI. Dans les villes au-deffus de 25,000 ames l'adminiftration municipale pourra fe divifer en fections, à raifon de la diverfité des matieres.

XXXXII. Les officiers municipaux & les notables feront élus pour deux ans, & renouvelés par moitié chaque année : le fort déterminera ceux qui devront fortir à l'époque de l'élection qui fuivra la premiere. Quand le nombre fera impair, il fortira alternatiment un membre de plus ou un membre de moins.

XXXXIII Le maire reftera en exercice pendant deux ans ; il pourra être réélu pour deux autres années, mais enfuite il ne fera permis de l'élire de nouveau qu'après un intervalle de deux ans.

XXXXIV. Le procureur de la commune & fon fubftitut conferveront leurs places pendant deux ans, & pourront également être réélus pour deux autres années ; néanmoins à la fuite de la premiere élection, le fubftitut du procureur de la commune n'exercera ses fonctions qu'une année; & dans toutes les élection suivantes, le procureur de la commune & son substitut seront remplacés ou réélus alternativement chaque année.

XXXXV. Les Assemblées d'élection pour les renouvellements annuels se tiendront dans tout le royaume, le dimanche d'après la saint-Martin, sur la convocation des officiers municipaux.

XXXXVI. Si la place de maire ou de procureur de la commune, ou de son substitut, devient vacante par mort, démission, ou autrement, il sera convoqué une assemblée extraordinaire des citoyens actifs pour procéder à une nouvelle élection.

XXXXVII. Lorsqu'un membre du conseil municipal viendra à mourir, ou donnera sa démission, ou sera destitué ou suspendu de sa place, ou passera dans le bureau municipal, il sera remplacé de droit, pour le temps qui lui restoit à remplir, par celui des notables qui aura réuni le plus de suffrages.

XXXXVIII. Avant d'entrer en exercice, le Maire & les autres Membres du Corps Municipal, le procureur de la commune & son substitut, s'il y en a un, prêteront le serment de maintenir, de tout leur pouvoir, la constitution du *Royaume*, d'être *fideles* à la *Nation*, à la *Loi* & au *Roi*, & de *bien remplir leurs fonctions*. Ce serment sera prêté, à la la prochaine élection, devant la commune & devant le corps municipal aux élections fuivantes.

XXXXIX. Les corps municipaux auront deux efpeces de fonctions à remplir; les unes propres au pouvoir municipal, les autres propres à l'Adminiftration générale de l'Etat & déléguées par elle aux municipalités.

L. Les fonctions propres au pouvoir municipal, fous la furveillance & l'infpection des Affemblées adminiftratives, font :

De régir les biens & revenus communs des Villes, Bourgs, Paroiffes & communautés;

De régler & d'aquitter celles des dépenfes locales qui doivent être payées des deniers communs;

De diriger & faire exécuter les travaux publics qui font à la charge de la communauté;

D'aminiftrer les établiffements qui appartiennent à la commune, qui font entretenus de fes deniers, ou qui font particuliérement deftinés à l'ufage des citoyens dont elle eft compofée;

De faire jouir les Habitants des avantages d'une bonne police, notamment de la propreté, de la falubrité, & de la tranquillité dans les rues, lieux & édifices publics.

LI. Les fonctions propres à l'Administra-tion générale qui peuvent être déléguées aux corps municipaux, pour les exercer sous l'au-torité des Assemblées administratives, sont :

La répartition des contributions directes entre les citoyens dont la communauté est composée ;

La perception de ces contributions ;

Le versement de ces contributions dans les caisses du District ou du Département ;

La direction immédiate des travaux pu-blics dans le Ressort de la Municipalité ;

La régie immédiate des établissements pu-blics destinés à l'utilité générale ;

La surveillance & l'agence nécessaires à la conservation des propriétés publiques ;

L'inspection directe des travaux de répa-ration ou de reconstrution des Eglises, Pres-byteres, & autres objets relatifs au service du culte religieux.

LII. Pour l'exercice des fonctions propres ou déléguées aux Corps Municipaux, ils au-ront le droit de requérir le secours nécessaire des Gardes Nationales, & autres forces pu-bliques, ainsi qu'il sera plus amplement ex-pliqué.

LIII. Le Maire & les autres Membres du corps municipal, le procureur de la com-mune & son substitut, ne pourront en même-temps exercer ces fonctions & celle de la Garde Nationale.

LIV. Le confeil général de la commune, compofé tant des Membres du corps municipal que des Notables, fera convoqué, toutes les fois que l'Adminiftration municipale le jugera convenable; elle ne pourra fe difpenfer de le convoquer, lorfqu'il s'agira de délibérer.

Sur des acquifitions ou aliénations d'immeubles;

Sur des impofitions extraordinaires pour dépenfes locales;

Sur des emprunts;

Sur des travaux à entreprendre;

Sur l'emploi du prix des ventes, des rembourfements ou des recouvrements;

Sur les procès à intenter;

Même fur les procès à foutenir dans le cas où le fond du droit fera contefté.

LV. Les corps municipaux feront entiérement fubordonnés aux adminiftrations de département & de diftrict pour tout ce qui concernera les fonctions qu'ils auront à exercer par délégation de l'adminiftration générale.

LVI. Quand à l'exercice des fonctions propres au pouvoir municipal, toutes les délibérations pour lefquelles la convocation du confeil général de la commune eft néceffaire, fuivant l'article LIV. ci-deffus, ne pourront être exécutées qu'avec l'approbation de l'adminftration ou du directoire de département, qui fera donnée, s'il y a lieu, fur l'avis de l'adminiftration ou du Directoire de Diftrict.

LVII Tous les comptes de la régie des bureaux municipaux, après qu'il auront été reçus par le conseil municipal seront verifiés par l'administration ou le directoire du district; arrêtés définitivement par l'administration ou le directoire de département, sur l'avis de celle du district ou de son directoire.

LVIII. Dans toutes les villes au-dessus de 4000 ames, les comptes de l'administration municipale en recette & dépense seront imprimés chaque année.

LIX. Dans toutes les Communautés, sans distinction, les citoyens actifs pourront prendre au Greffe de la municipalité, sans déplacer & sans frais, communication des comptes, des pieces justificatives, & des délibérations du Corps municipal toutes les fois qu'ils le requerront.

LX. Si un citoyen croit être personnellement lésé par quelque acte du corps municipal, il pourra exposer ses sujets de plainte à l'administration ou au directoire de département, qui y fera droit, sur l'avis de l'administration de district, qui sera chargée de vérifier les faits.

LXI. Tout citoyen actif pourra signer & présenter, contre les Officiers municipaux, la dénociation des délits d'administration dont il prétendra qu'ils se seroient rendus coupables; mais, avant de porter cette dénonciation dans les tribunaux, il sera tenu

de la ſoumettre à l'adminiſtration ou au directoire de département, qui, après avoir
pris l'avis de l'adminiſtration de diſtrict ou de
ſon directoire, renverra la dénonciation,
s'il y a lieu, à ceux qui en devront connoître.

LXII. Les citoyens actifs ont le droit de
ſe réunir paiſiblement & ſans armes en aſſemblées particulieres, pour rédiger des
adreſſes & pétitions, ſoit au Corps municipal, ſoit aux adminiſtrations de département
& de diſtrict, ſoit au corps légiſlatif, ſoit
au Roi, ſous la condition de donner avis
aux Officiers municipaux du temps & du
lieu de ces aſſemblées, & de ne pouvoir
députer que dix citoyens pour apporter &
préſenter des adreſſes ou pétitions.

Signé, FRETEAU, Préſident; le Vicomte DE
BEAUHARNOIS, VOLNEY, DUBOIS DE CRANCÉ,
le Baron de MENOU, CHASSET, le Comte CHARLES
DE LAMETH, Secrétaires.

INSTRUCTION

DE L'ASSEMBLÉE NATIONALE,

SUR LA FORMATION

Des nouvelles Municipalités dans toute l'étendue du Royaume.

Du 14 Décembre 1789.

L'Assemblée Nationale a décrété, le 12 Novembre dernier, qu'il y aura une Municipalité dans chaque Ville, Bourg, Paroisse ou Communauté de campagne. Elle a arrêté ensuite les Articles qu'elle a réunis dans son Décret de ce jour, pour régler la formation & les fonctions de ces Municipalités.

Il y a trois parties à distinguer dans ce Décret de l'Assemblée Nationale sur l'organisation des Municipalités.

La première concerne la forme d'élire les Officiers Municipaux.

La seconde concerne la composition des Corps Municipaux.

La troisième est relative à leurs fonctions.

§. Ier. *De la formation des élections.*

Tous les Citoyens actifs de chaque lieu ont le droit d'élire.

Les Décrets de l'Assemblée Nationale ont fixé les conditions nécessaires pour être Citoyen actif. Celles de ces conditions qui peuvent être exigées pour les prochaines élections, sont les suivantes :

1°. D'être Français ou devenu Français.

C

2°. D'être majeur de vingt-cinq ans.

3°. D'être domicilié de fait dans le lieu , au moins depuis un an.

4°. De payer une contribution directe de la valeur locale de trois journées de travail.

5°. De n'être point dans l'état de domesticité , c'est-à-dire de serviteur à gages.

Les mêmes Décrets excluent , outre ceux qui n'ont pas les conditions ci-dessus , les banqueroutiers , les faillis & les débiteurs insolvables.

Ils excluent encore les enfants qui ont reçu & qui retiennent , à quelque titre que ce soit , une portion des biens de leur pere mort insolvable , sans avoir payé leur part virile de ses dettes , excepté seulement les enfants mariés qui ont reçu des dots avant la faillite ou l'insolvabilité de leur pere , notoirement connue.

La part virile des dettes est la portion contributive que chaque enfant auroit été tenu de payer , s'il se fût rendu héritier de son pere.

Dans tous les lieux où il y a moins de 4,000 habitants , en comptant la population totale en hommes , femmes & enfants , tous les Citoyens actifs se réuniront en une seule Assemblée , parce que les Citoyens actifs ne forment qu'environ le sixieme de la population totale , & qu'ainsi , sur moins de 4,000 Habitants , l'Assemblée des Citoyens actifs ne s'éleveroit qu'à environ 650 Votants , supposé que tous fussent présents.

Dans les lieux où il y a plus de 4,000 Habitants , il faudra former plusieurs Assemblées , savoir , deux Assemblées depuis 4,000 Habitants jusqu'à 8,000 ; trois depuis 8,000 jusqu'à 12,000 Habitants , & ainsi de suite.

Les inconvénients des Assemblées par métiers , professions ou corporations , ont déterminé l'Assemblée Nationale à proscrire ces sortes d'Assemblées : celles qui vont avoir lieu doivent ſe faire par quartiers ou arrondiſſements. Le premier ſoin des Officiers Municipaux actuels doit être de former, ſans délai, ces quartiers ou arrondiſſements, en nombre égal à celui des Aſſemblées que la population de leur Ville obligera d'y former.

Les Citoyens actifs de chaque quartier ou arrondiſſement ſe réuniront au jour & au lien indiqués par la Convocation. La Convocation ſera faite huit jours d'avance, tant par publication au Prône, que par affiches aux portes des Egliſes, & autres lieux accoutumés.

Les Aſſemblées ſe formeront ſous l'inſpection d'un Citoyen que le Corps Municipal aura chargé de ce ſoin pour chaque Aſſemblée.

Auſſitôt que l'Aſſemblée ſera formée, elle nommera ſon Préſident & ſon Secrétaire au ſcrutin. Il ne ſera pas néceſſaire, pour conſommer cette élection, que la majorité abſolue des ſuffrages ſoit acquiſe, c'eſt-à-dire, qu'un ſujet réuniſſe la moitié des voix, plus une : il ſuffira de la ſimple pluralité relative, c'eſt-à-dire, que celui là ſera élu qui aura réuni le plus de ſuffrages comparativement aux autres.

Les trois plus anciens d'âge recevront, ouvriront & dépouilleront ces premiers ſcrutins.

Après la nomination du Préſident & du Secrétaire, l'Aſſemblée nommera à la fois, & par un ſeul ſcrutin, trois Scrutateurs chargés d'ouvrir tous les ſcrutins ſubſéquents, de les dépouiller, de compter les voix, & de proclamer les réſultats.

Les trois plus anciens d'âge recevront encore, ouvriront & dépouilleront le ſcrutin pour la nomination des trois Scrutateurs.

Ce ſcrutin, par lequel chaque votant écrira à la fois, & dans le même billet, les noms des trois perſonnes qu'il nommera pour être Scrutateurs, eſt celui qu'on appelle *ſcrutin de liſte*, par oppoſition au ſcrutin appellé *individuel*, par lequel on vote ſur chaque ſujet ſéparément, en recommençant autant de ſcrutins qu'il y a de ſujets à élire.

Quand les trois Scrutateurs auront été nommés, l'Aſſemblée procédera à la nomination des Membres qui devront compoſer le Corps Municipal.

Cette nomination ſera faite par la voie du *ſcrutin de liſte double*; c'eſt-à-dire, que les votants écriront à la fois & dans un même billet, non-ſeulement autant de noms qu'il y a de membres à nommer, ſuivant la population du lieu; mais qu'ils voteront pour un nombre de ſujets double de celui des membres à élire, & écriront tous ces noms enſemble dans leur billet.

Les Scrutateurs de l'Aſſemblée feront le dépouillement du ſcrutin, en inſcrivant de ſuite, par forme de liſte, tous les noms ſur leſquels les ſuffrages auront porté, à meſure qu'ils ſe préſenteront par l'ouverture des billets, & en notant, à la ſuite de chaque nom, le nombre des voix que ce nom recevra par chaque nouveau billet dans lequel il ſe trouvera inſcrit.

Quand il n'y aura qu'une ſeule Aſſemblée dans le lieu, le réſultat du ſcrutin de cette Aſſemblée conſommera l'élection, mais dans les Communautés plus nombreuſes où il y aura pluſieurs Aſſemblées, l'élection ne ſera faite que par le réſultat général & additionnel de tous les ſuffrages portés ſur chaque nom par tous les ſcrutins des différentes Aſſemblées. La raiſon en eſt que toutes les Aſſemblées particulieres de chaque Ville ou Communauté ne ſont que des ſections de l'Aſſemblée générale des Citoyens de cette Ville ou Communauté.

Pour connoître ce réſultat général de tous les ſcrutins, chaque Aſſemblée particuliere formera dans ſon ſein le dépouillement & le recenſement de ſon ſcrutin, contenant la mention du nombre des ſuffrages que chaque Citoyen aura obtenus en cette

Assemblée, & elle fera parvenir ce recensement à la Maison Commune ou Maison-de-Ville. Là le recensement général de tous les scrutins des Assemblées particulieres sera fait par les Officiers Municipaux en exercice, en présence d'un Commissaire de chaque Assemblée particuliere, si elle juge à propos d'y en envoyer un, comme elle en a le droit; & c'est le résultat général de ce recensement de tous les scrutins particuliers qui déterminera l'élection.

Il y a une différence à remarquer entre la forme d'élire le Maire & celle de nommer les autres Officiers Municipaux.

Le Maire, Chef de toute Municipalité, soit de Ville, soit de campagne, est nommé au scrutin individuel, & ne peut jamais être élu que par la pluralité absolue des voix, c'est-à dire, par la moitié, plus une : si, lorsqu'on aura été obligé de passer au second tour de scrutin, ce second tour n'a pas encore produit la pluralité absolue en faveur d'un Sujet; en ce cas il faut faire un troisieme tour de scrutin pour voter seulement entre les deux Citoyens qui seront nommés & déclarés à l'Assemblée avoir réuni plus de suffrrges par le dernier scrutin; & si, à ce troisieme scrutin, les suffrages se trouvoient partagés entre les deux Citoyens sur lesquels on a voté; alors le plus ancien d'âge seroit préféré.

Il n'en est pas de même pour la nomination des autres Officiers Municipaux qui sont élus par scrutin de liste double.

Ceux qui ont obtenu la pluralité absolue au premier tour de scrutin, sont définitivement élus.

S'il reste des places à remplir pour lesquelles aucun Sujet n'a eu la pluralité absolue, on fait un second tour de scrutin par liste double, du nombre seulement des places qui restent à remplir, & l'élection n'a encore lieu cette seconde fois qu'en faveur de ceux qui obtiennent la pluralité absolue.

Enfin, s'il est néceffaire de paffer à un troifieme fcrutin pour compléter le nombre des Membres à elire, ce dernier fcrutin fe fait de même par une lifle double du nombre de places qui refl ent à remplir ; mais la fimple pluralité des fuffrages fuffit cette troifieme fois pour déterminer l'élection.

Auffi-tôt que le réfultat du fcrutin aura été conftaté, les Citoyens élus feront proclamés par les Officiers Municipaux en exercice ; le rang de proclamation fera réglé entre tous les Membres élus, à raifon du plus ou du moins grand nombre de fuffrages que chacun d'eux aura obtenus ; & en cas d'égalité de fuffrages, par l'ancienneté d'âge.

Les Citoyens votant en chaque Affemblée, auront foin de ne porter leurs fuffrages que fur des fujets eligiles.

Pour être éligible à l'Adminiftration Municipale, il faut 1°. être Membre de la Commune à qui la Municipalité appartient ; 2°. réunir aux qualités de Citoyen actif, détaillées ci-deffus, la condition de payer une contribution directe plus forte, & qui monte au moins à la valeur locale de dix journées de travail. Les parents & alliés aux degrés de pere & de fils, de beau-pere & de gendre, de frere & de beau-frere, d'oncle & de neveu, ne peuvent être en même temps Membres du même Corps Municipal.

Les Citoyens qui occupent des places de Judicature, & ceux qui font chargés de la perception des impôts indirects, ne font point éligibles tant qu'ils exercent ces fonctions réputées incompatibles avec celles de la Municipalité.

Ceux des Officiers Municipaux actuels que leurs Concitoyens jugeront dignes de la continuation de leur confiance, pourront être nommés à la prochaine élection.

Il fera bien effentiel d'obferver exactement, les

deux difpofitions fuivantes , indifpenfables pour ga-
rantir la fûreté & la fidélité des Élections.

La premiere eft que dans toutes les Communautés
où il y aura plufieurs affemblées particulieres , elles
foient toutes convoquées pour le même jour & à la
même heure.

La feconde eft que les fcrutins de ces affemblées
particulieres foient récenfés à la maifon commune ,
fans aucun délai ; de maniere que s'il devient néceffaire de paffer à un nouveau tour de fcrutin , il puiffe
y être procédé par les affemblées particulieres dès le
jour même , ou au plus tard le lendemain.

L'unique objet de ces affemblées convoquées pour
élire , étant de faire les élections , les Citoyens actifs
ne peuvent point refter affemblés après les élections
finies. Le Préfident de chaque affemblée particuliere
doit la diffoudre & déclarer la féance levée , auffitôt
que toutes les nominations auront été faites & pro-
clamées.

Les Citoyens actifs ne pourront point s'affembler de
nouveau en corps de Commune , dans l'intervalle d'une
élection à l'autre , fans une convocation expreffe ordonnée par le Confeil général de la Commune ; mais
cette convocation extraordinaire ne pourra pas être
refufée lorfqu'elle fera requife par le fixieme des Citoyens actifs dans les Communautés au - deffous de
quatre mille ames , & par cent cinquante Citoyens
actifs dans toutes les autres Communautés.

Ces difpofitions concilient , par un jufte tempé-
rament , ce que la Conftitution doit d'une part à la liberté des individus & au légitime exercice de leurs
droits , avec ce qu'elle doit d'autre part au maintien de
l'ordre & de la tranquillité publique.

§ II. *De la compofition des Corps Municipaux.*

Toutes les Municipalités du Royaume , foit de ville ,
foit de campagne , étant de même nature , & fur la

même ligne dans l'ordre de la conftitution, porteront le titre commun de *Municipalité*, & le chef de chacune d'elles celui de *Maire*; toute autre dénomination, soit pour les Corps Municipaux, soit pour leurs chefs, eft abolie.

Le nombre des Membres dont chaque Municipalité doit être compofée, a été réglé par le Décret de l'Affemblée Nationale, à raifon de la population des lieux. Il sera toujours facile de s'y conformer exactement, après que tout le nombre des habitants de chaque ville, bourg, paroiffe ou Communauté aura été foigneufement conftaté.

C'eft la population totale en hommes, femmes ou enfants, & non pas les feuls Citoyens actifs, qu'il faut compter pour reconnoître le nombre des Officiers municipaux qui doivent compofer la Municipalité de chaque lieu.

Il y aura un Procureur de la Commune en chaque Municipalité, foit de ville, foit de campagne, & de plus, un Subftitut du Procureur de la Commune dans tous les lieux où la population excedera 10,000 ames.

Le procureur de la Commune fera nommé en même temps que les autres Officiers municipaux, & par les mêmes Affemblées de Citoyens actifs. Son élection fera faite par la voie du fcrutin individuel, dans la même forme & fuivant les mêmes regles établies pour l'élection du Maire.

Le Subftitut du Procureur de la Commune fera élu de même.

Il fera enfuite néceffaire de nommer en chaque Municipalité, un nombre de Notables double de celui des membres du Corps Municipal; de maniere qu'où il y y aura trois Officiers Municipaux, c'eft-à-dire, trois membres du Corps municipal; il faudra fix Notables; qu'il en faudra douze où il y aura fix Officiers Municipaux, & ainfi de fuite.

L'élection des Notables fe fera par un feul fcrutin

de lifte , & à la fimple pluralité relative des fuffrages.

Ces Notables , lorfqu'ils feront réunis aux membres du Corps Municipal , dans les cas fixés par le Dé-cret de l'Affemblée Nationale , formeront le Con-feil général de la Commune.

Il y aura en chaque Municipalité un Secrétaire-Greffier , qui fera choifi & nommé à la majorité des voix , non par les Affemblées des Citoyens actifs , mais par le Confeil général de la Commune.

Le Secrétaire-Greffier pourra être changé , lorf-que le Confeil général de la Commune le jugera convenable.

Enfin il pourra être nommé un Tréforier , fi le Con-feil général de la Commune le trouve néceffaire.

Cette nomination fera faite par le Confeil général , dans la même forme que celle du Secrétaire-Greffier. Le Tréforier pourra être également changé.

Le Maire préfidera les Affemblées , tant du Con-feil général de la Commune , que du Corps Muni-cipal & du Bureau.

Les autres Officiers Municipaux auront rang & féance felon l'ordre dans lequel ils auront été pro-clamés lors de leur élection. Dans le cas d'abfence du Maire , celui des autres Officiers Municipaux qui aura été proclamé le premier , le remplacera & pré-fidera à fa place.

Le Procureur de la Commune aura féance à tou-tes les Affemblées , tant du Confeil général de la Commune , que du Corps Municipal & du Bureau particulier.

Dans les Municipalités où il y aura un Subftitut du Procureur de la Commune , ce Subftitut aura le même droit de féance à toutes les Affemblées Municipales ; il fe placera au même Bureau parti-culier , foit que le Procureur de la Commune foit préfent , foit qu'il foit abfent ; mais le Subftitut ne pourra parler qu'en l'abfence du Procureur de la Commune.

Le Maire, les autres Membres du Corps Municipal, les Notables, le Procureur de la Commune & son Substitut, seront élus pour deux ans, mais avec les distinctions suivantes.

Le Maire restera en fonctions pendant les deux premieres années; il pourra être continué, mais par une nouvelle élection, pour deux autres années seulement.

Le Procureur de la Commune restera aussi en fonctions pendant les deux premieres années; mais le Substitut qui sera nommé à la prochaine élection, n'exercera qu'une seule année; ensuite ils seront remplacés alternativement chaque année, & pourront être réélus de même, chacun pour deux autres années seulement.

Enfin les autres Membres du Corps Municipal, & les Notables, seront renouvellés tous les ans par moitié, la premiere fois au sort, à la fin de la premiere année, ensuite à tour d'ancienneté : ainsi une partie des Officiers Municipaux & des Notables nommés à la prochaine élection, n'aura qu'une année d'exercice. Cette année d'exercice ne sera pas même complette pour ceux qui sortiront au premier renouvellement, puisqu'il aura lieu le premier Dimanche d'après la Saint-Martin de l'année 1790.

Comme il est nécessaire, lorsque le nombre sera impair, qu'il sorte alternativement un Membre de plus, & un de moins chaque année, il faudra faire sortir un nombre de moins à la fin de la premiere année.

Il faut remarquer encore les différences suivantes dans les remplacements.

Aussi-tôt que les places de Maire, de Procureur de la Commune, & de Substitut à ce dernier, viendront à vaquer dans le cours de l'année, par quelque cause que ce soit, il sera nécessaire de convoquer extraordinairement les Citoyens actifs, pour procéder à une nouvelle élection.

Si c'eſt une place de Membre du Conſeil Municipal qui devient vacante, il ſera inutile de convoquer les Citoyens actifs; mais celui des Notables
qui aura réuni le plus de ſuffrages, remplacera le
Membre manquant du Conſeil Municipal.

Enfin, s'il vaque une place de Notable, elle ne
ſera remplie qu'à l'époque de l'élection annuelle,
pour les renouvellements ordinaires.

§. III. *Des fonctions des Corps Municipaux.*

Le Maire, les autres Membres du Corps Municipal, le Procureur de la Commune, & ſon Subſ-
titut, dans les lieux où il y en aura un, ne pourront entrer en exercice de leurs places qu'après
avoir prêté le ſerment de maintenir de tout leur
pouvoir la Conſtitution du Royaume, d'être fideles
à la Nation, à la Loi & au Roi, & de bien remplir leurs fonctions.

C'eſt devant la Commune elle-même que ce ſerment doit être prêté la premiere ſois, c'eſt-à-dire,
par les Officiers Municipaux qui vont être nommés
à la prochaine élection. Les Citoyens actifs ſeront
avertis à cet effet par les Préſidents des Aſſemblées
d'élection, de ſe rendre à la Maiſon commune,
après l'élection finie.

A l'avenir le même ſerment ſera prêté devant
le Corps Municipal.

Les Membres des Corps Municipaux auront ſoin
de ſe bien pénétrer de la diſtinction des deux eſpeces
de fonctions appartenantes à des pouvoirs de nature
différente qu'ils auront à remplir.

C'eſt par leur exactitude à ſe renfermer dans les
bornes de ces fonctions, & à reconnoître la ſubor-
dination qui leur eſt preſcrite pour celle de chaque
eſpece, qu'ils prouveront leur attachement à la Conſtitution, & leur zele pour le bien du ſervice. L'objet eſſentiel de la Conſtitution étant de définir &

de féparer les différents pouvoirs , l'atteinte la plus funeſte qui puiſſe être portée à l'ordre conſtitution-nei , feroit la confuſion des fonctions qui détruiront l'harmonie des pouvoirs.

Les Officiers Municipaux fe convaincront aiſément que toutes les fonctions détaillées dans l'article 51 , intéreſſant la Nation en corps & l'uniformité du régime général , excédent les droits & les inté-rêts particuliers de leur Commune ; qu'ils ne peu-vent pas exercer ces fonctions en qualité de fimples Repréſentants de leur Commune , mais feulement en celle de Prépoſés & d'Agents de l'Adminiſtration généra'e , & qu'ainſi , pour toutes ces fonctions qui leur feront déleguées par un pouvoir différent & fu-périeur , il eſt juſte qu'ils foient entièrement fubor-donés à l'autorité des Adminiſtrations de Départe-ment & de Diſtrict.

Il n'en eſt pas de même des autres fonctions énon-cées en l'article 50. Ces fonctions font propres au Pouvoir Municipal , parce qu'elles intéreſſent di-rectement & particulièrement chaque Commune que la Municipalité repréſente. Les Membres des Mu-ninipalités ont le droit propre & perfonnel de dé-libérer & d'agir en tout ce qui concerne ces fonc-tions vraiment municipales. La Conſtitution les fou-met feulement , dans cette partie , à la furveillance & à l'inſpection des Corps Adminiſtratifs , parce qu'il importe à la grande Communauté Nationale que toutes les Communes particulières qui en font les éléments ; foient bien adminiſtrées ; qu'aucun dé-poſitaire de pouvoirs n'abuſe de ce dépôt , & que tous les Particuliers qui fe prétendront léſés par l'Adminiſtration Municipale , puiſſent obtenir le re-dreſſement des griefs dont ils fe plaindront.

La furveillance des Corps adminiſtratifs fur les Municipalités aura lieu principa'ement dans les qua-tre cas fuivants.

1°. Pour la vérification des comptes de la Régie des Bureaux Municipaux. Ces comptes, lorsqu'ils auront été reçus par le Conseil Municipal, seront soumis à l'Administration ou au Directoire de District, qui les vérifiera, & les fera parvenir ensuite, avec son avis, à l'Administration de Département, ou à son Directoire ; celle-ci ou son Directoire les arrêtera définitivement.

2°. Pour l'autorisation des Délibérations qui seront prises sur les objets d'une importance majeure, détaillés en l'article 54, & pour lesquels la convocation du Conseil général de la Commune est nécessaire. Ces Délibérations ne pourront être exécutées qu'après qu'elles auront reçu l'approbation de l'Administration de Département, ou de son Directoire, qui la donnera, s'il y a lieu, sur l'avis de l'Administration ou du Directoire de District.

3°. Lorsqu'un Citoyen se croira fondé à se plaindre personnellement de quelques actes du Corps Municipal, l'Administration du Département, ou son Directoire fera droit sur sa plainte, après avoir pris l'avis de l'Administration ou du Directoire de District, qu'elle chargera de vérifier les faits exposés.

4°. Lorsqu'un Citoyen actif, sans articuler des griefs qui lui soient personnels, voudra dénoncer les Officiers Municipaux, comme coupables de délits d'administration ; en ce cas, la dénonciation devra être préalablement soumise à l'administration ou au Directoire de Département, qui, après avoir fait vérifier les faits par l'administration de District, & après avoir pris l'avis de cette derniere, renverra la poursuite, s'il y a lieu, devant les Juges qui en doivent connoître.

Les Corps Municipaux composés de plus de trois Membres, seront divisés en Conseil & en Bureau. Le Bureau sera formé du tiers des Officiers Municipaux, y compris le Maire, qui en fera toujours partie : les deux autres tiers formeront le Conseil.

Le Bureau seul sera chargé de tous les détails d'exécution, & des actes de simple régie.

Le Conseil seul formera la séance, lorsqu'il s'agira d'examiner & de recevoir les comptes de la gestion du Bureau : la présence des deux tiers, au moins, des membres du Conseil sera nécessaire pour la réception de ces comptes.

Le Conseil & le Bureau se réuniront pour prendre toutes les autres délibérations relatives à l'exercice des fonctions du Corps municipal : & la présence de la moitié plus des Officiers Municipaux, sera nécessaire pour former un arrêté.

Enfin, le Corps Municipal se formera en Conseil général de la Commune, par l'adjonction des Notables, toutes les fois qu'il le jugera convenable, & nécessairement lorsqu'il s'agira de délibérer sur les objets détaillés en l'article 54.

Les Officiers Municipaux devront être attentifs à discerner entre ces diverses especes d'assemblées ou de séances, celle à laquelle chaque nature d'affaire doit être traitée ; car leurs opérations seroient défectueuses & nulles, s'ils avoient arrêté en simple Bureau ce qui devoit l'être en Conseil ou Corps Municipal, ou s'ils délibéroient en simple Conseil Municipal lorsqu'ils doivent se former en Conseil général de la Commune.

Dans les Municipalités qui ne sont composées que de trois membres, le Maire sera chargé seul des détails de simple exécution, & tous les membres se réuniront pour les actes de régie ; le compte de cette régie commune des Officiers municipaux sera rendu aux Notables, vérifié ensuite par l'Administration ou le Directoire des districts, & arrêté définitivement par l'Assemblée ou le Directoire de Département.

Lorsque les Municipalités seront composées de plus de trois membres, c'est le corps municipal qui élira lui même le tiers de ses membres destiné à former le Bureau. Cette élection sera renouvellée tous les ans ; mais les membres du Bureau pourront être réélus une fois pour une seconde année.

Enfin, dans les Villes dont la population excédera 25,000 ames, le Corps Municipal pourra se diviser en sections à raison de la diversité des parties d'administration, afin que chaque section puisse être chargée plus particuliérement du soin de sa partie ; mais elle sera toujours tenue de soumettre les objets de délibération à l'Assemblée générale du Corps Municipal.

Tous les Citoyens actifs du Royaume sont appellés, en ce moment, a poser dans leurs Municipalités les fondements de la regénération de l'Empire ; en recueillant ce premier fruit de la Constitution, ils se prépareront à l'etablissement des Assemblées administratives de Département & de District, qui suivra immédiatement. La Nation reconnoîtra que ses Représentants se sont attachés à consacrer tous les principes qui peuvent assurer l'exercice le plus étendu du droit de Cité, l'egalité entre les Electeurs, la sûreté & la liberté des choix, la prompte transmission des places & des fonctions : principes sur lesquels reposent la liberté publique & l'égalité politique des Citoyens. Tous sentiront que la jouissance de ces biens précieux est attachée à l'esprit de concorde, & aux sentiments patriotiques nécessaires pour accélérer l'exécution des Décrets constitutionnels. Ces sentiments exprimés d'une maniere si touchante dans toutes les adresses des Villes & des Communes du Royaume à l'Assemblée Nationale, sont ceux d'un peuple raisonnable & bon qui sent le prix de la liberté, & qui, digne d'en jouir, n'a plus

d'efforts pénibles à faire pour s'en assurer la posseſ-
ſion. Il ne lui reſte qu'à conſommer avec courage &
tranquillité ce que ſon Roi & ſes Repréſentants,
unis par les mêmes vues, & tendant au même but,
lui préſentent pour premiere baſe de la proſpérité
nationale & du bonheur des particuliers.

A NANTES,
De l'Imprimerie d'A.-J. MALASSIS, Imprimeur
de la Ville & du Comité. 1790.